ENCYCLOPÉDIE RORET

NOUVEAU MANUEL COMPLET

DE LA

COUPE DES PIERRES

PAR

C.-J. TOUSSAINT, de Sens

ET

H. M.-M.

ARCHITECTES

ATLAS

PARIS

L. MULO, LIBRAIRE-ÉDITEUR

12, RUE HAUTEFEUILLE, 12

ENCYCLOPÉDIE RORET

MANUEL

DE LA

COUPE DES PIERRES

COULOMMIERS. — IMPRIMERIE PAUL BRODARD.

ENCYCLOPÉDIE RORET

NOUVEAU MANUEL COMPLET

DE LA

COUPE DES PIERRES

PAR

C.-J. TOUSSAINT, de Sens

ET

H. M.-M.

ARCHITECTES

ATLAS

PARIS

L. MULO, LIBRAIRE-ÉDITEUR

12, RUE HAUTEFEUILLE, 12

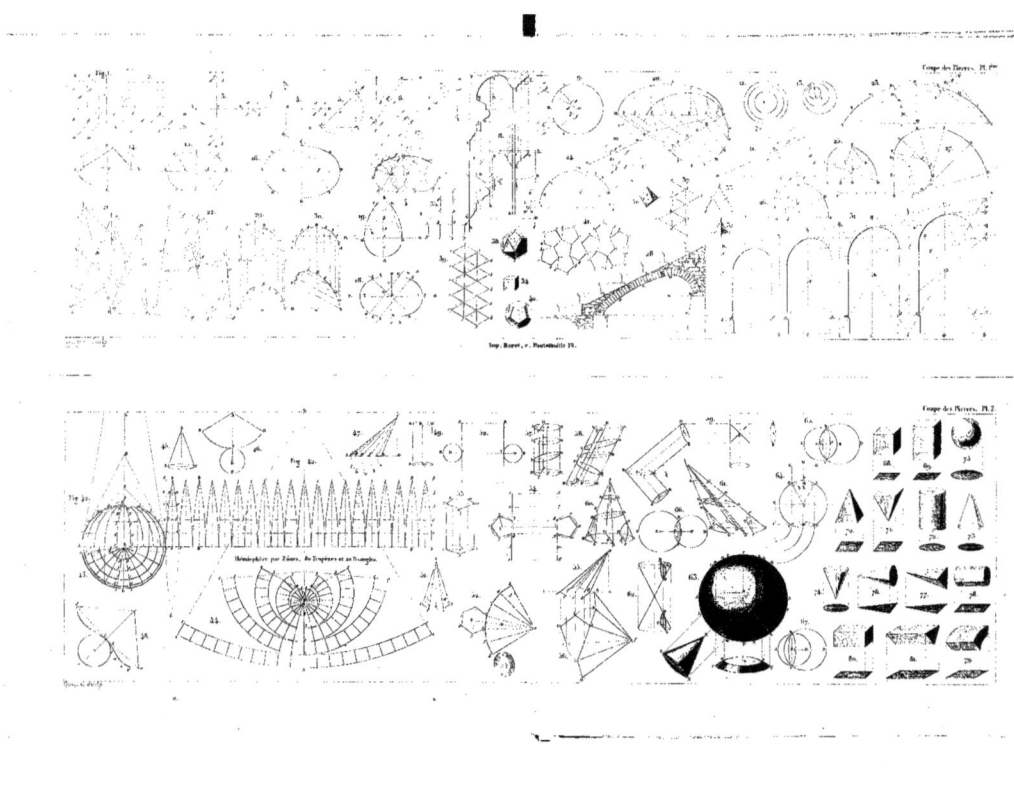

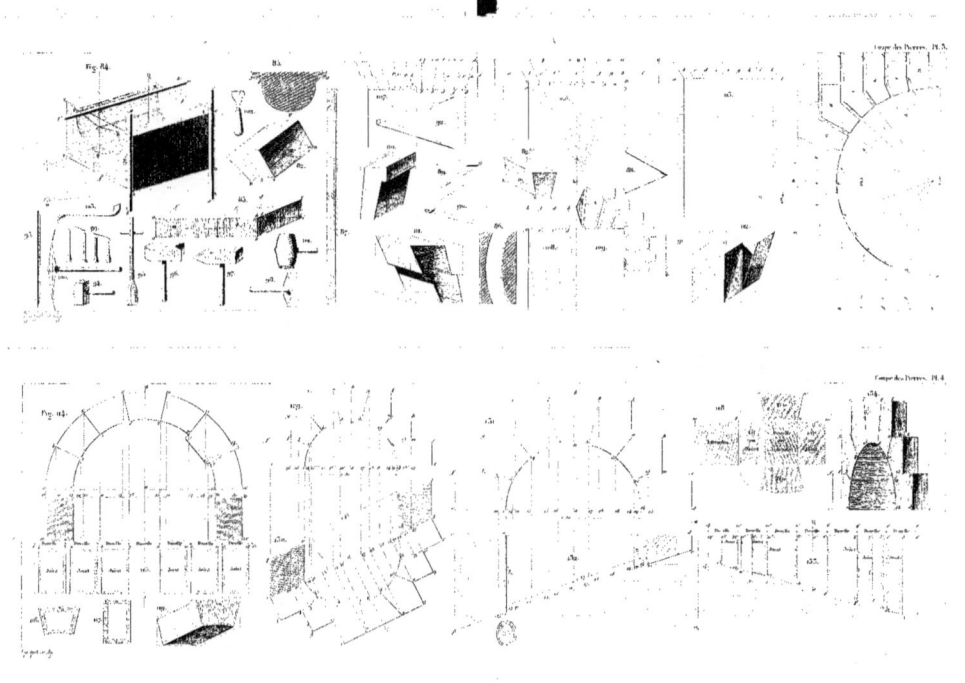

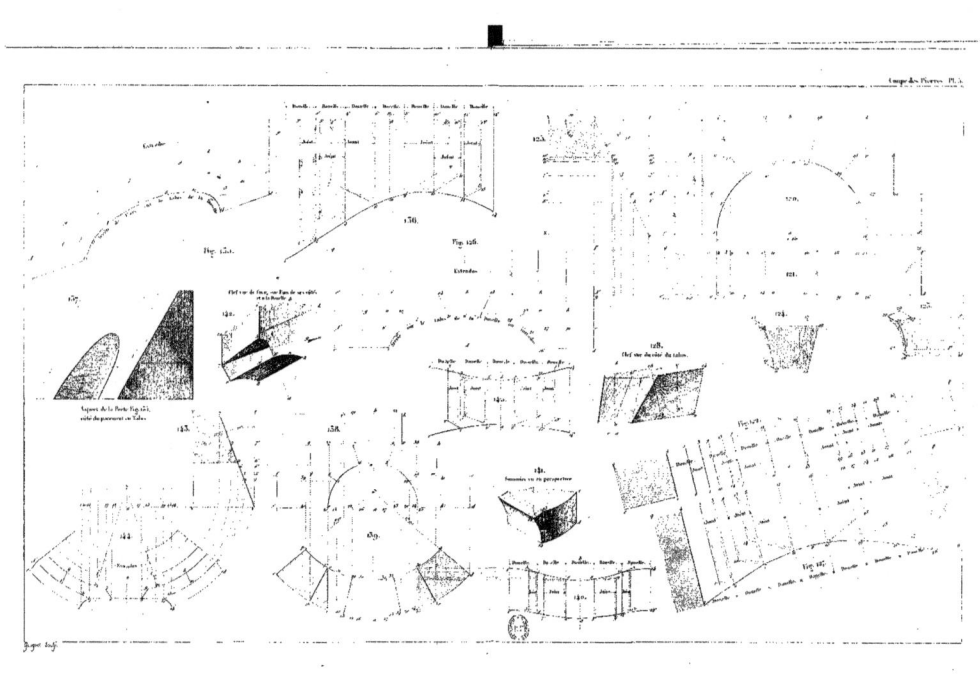

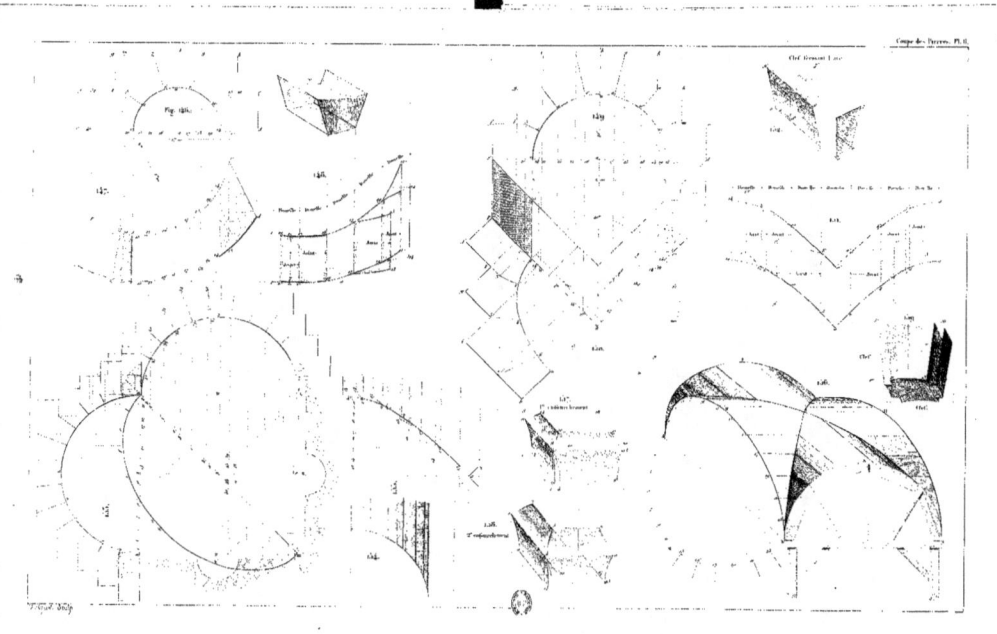

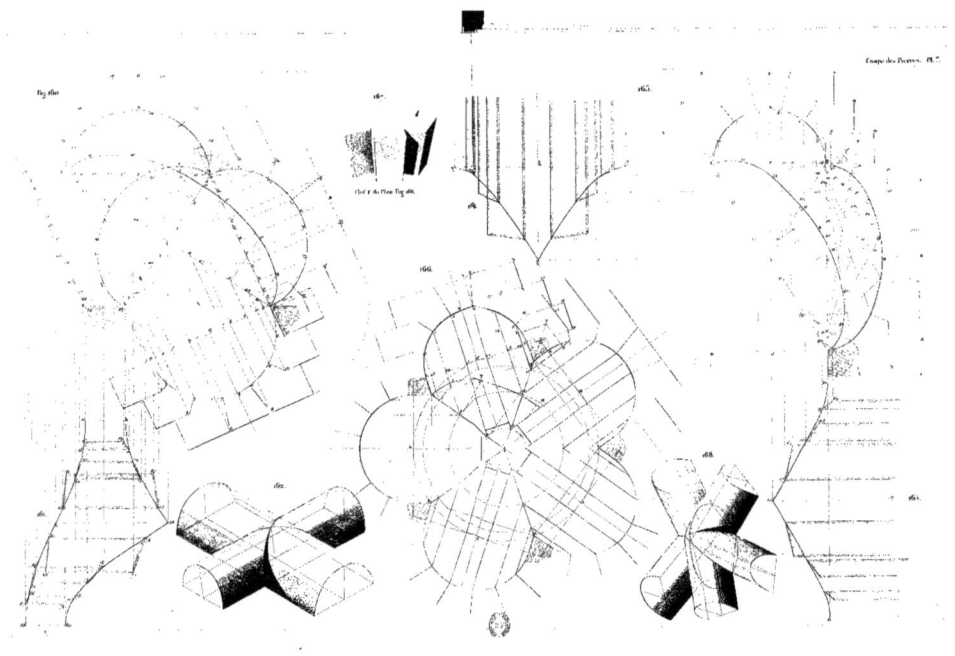

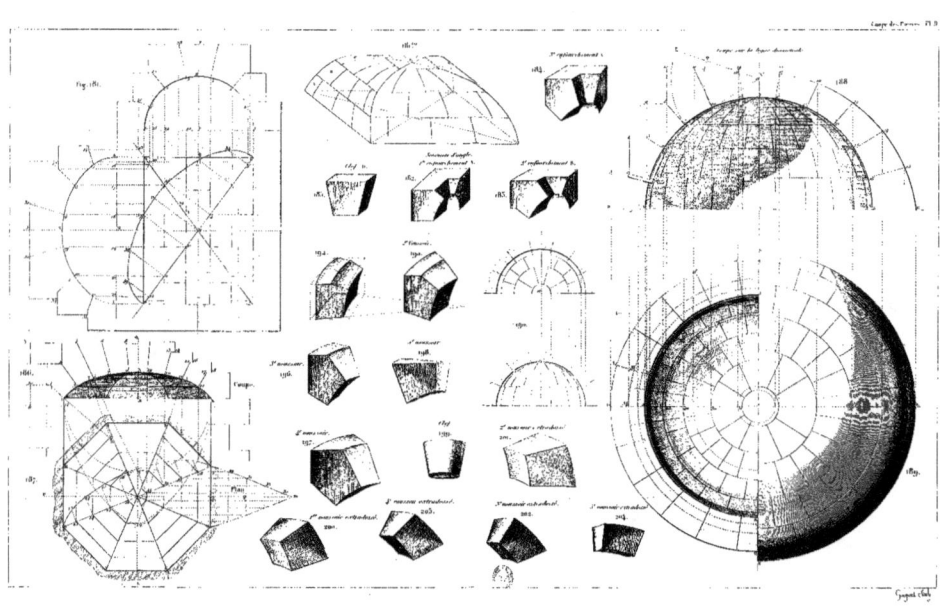

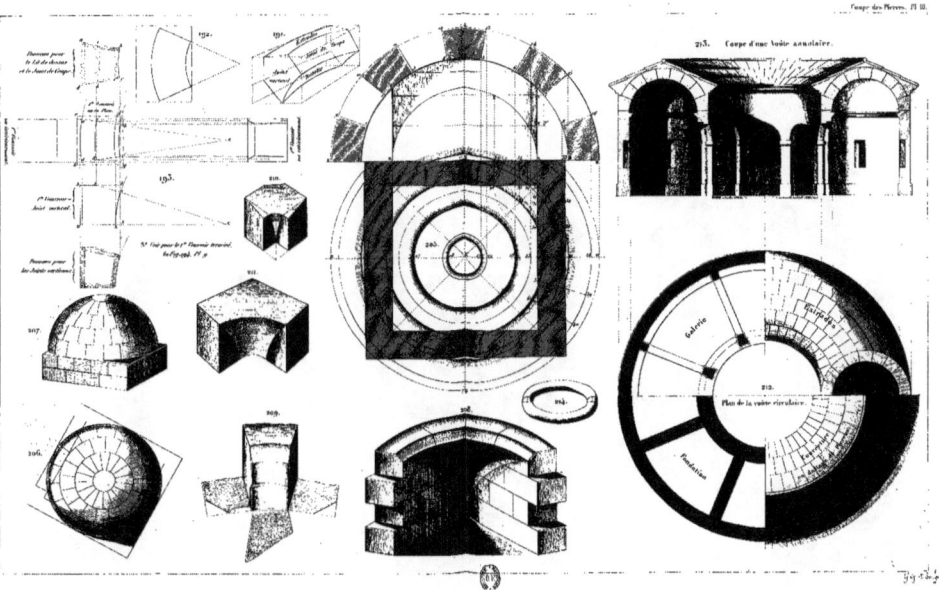

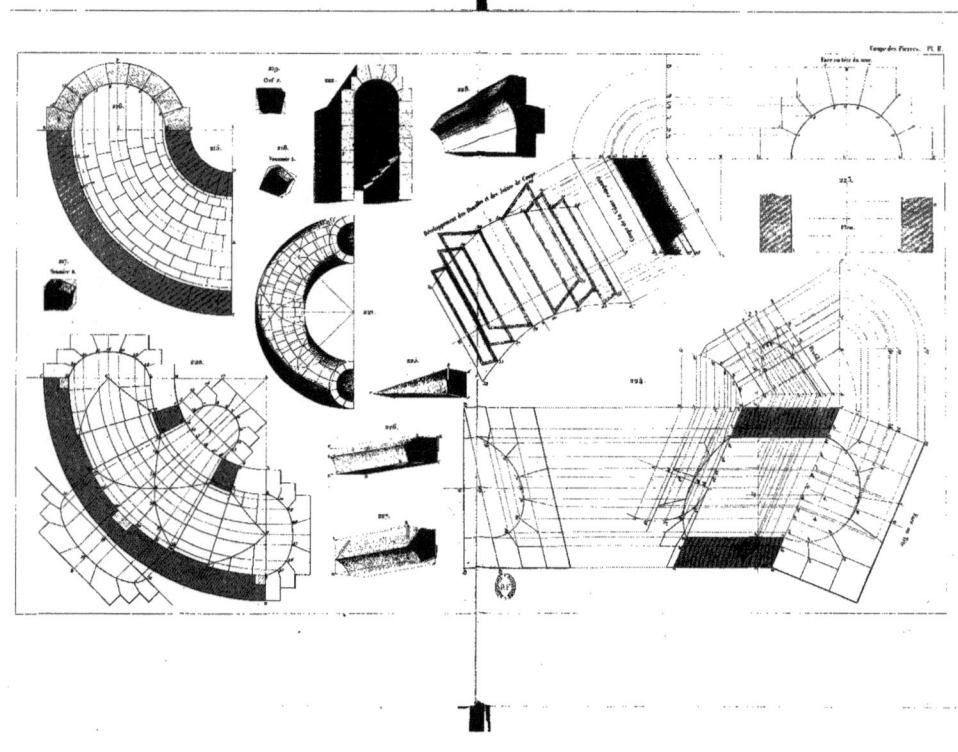

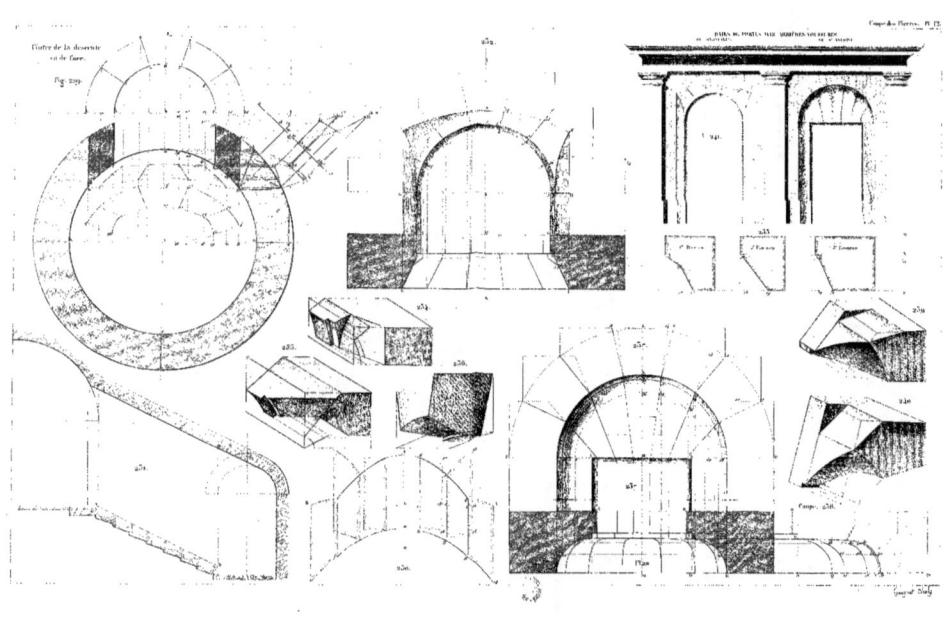

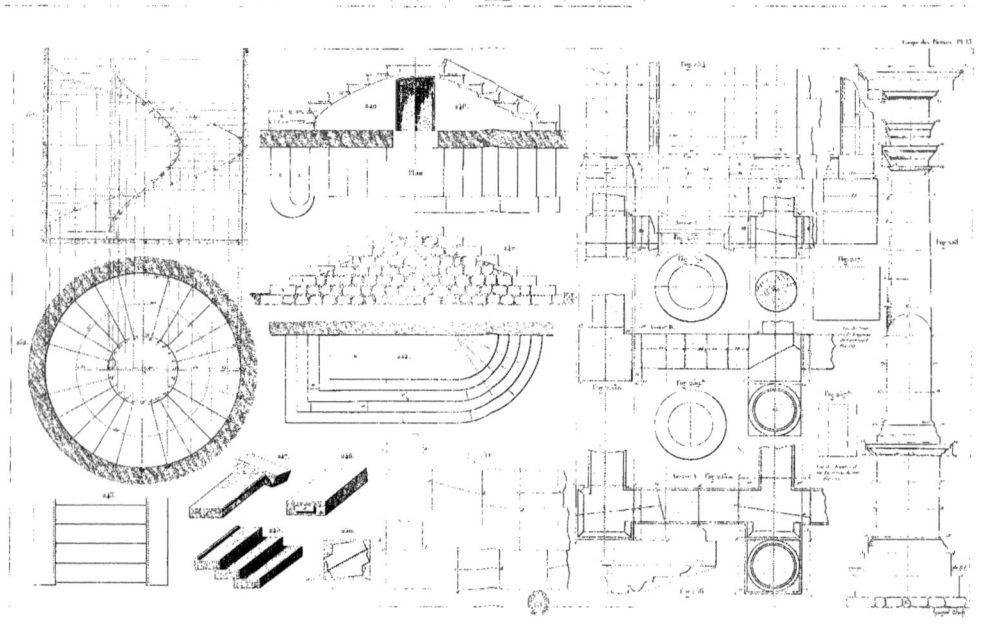

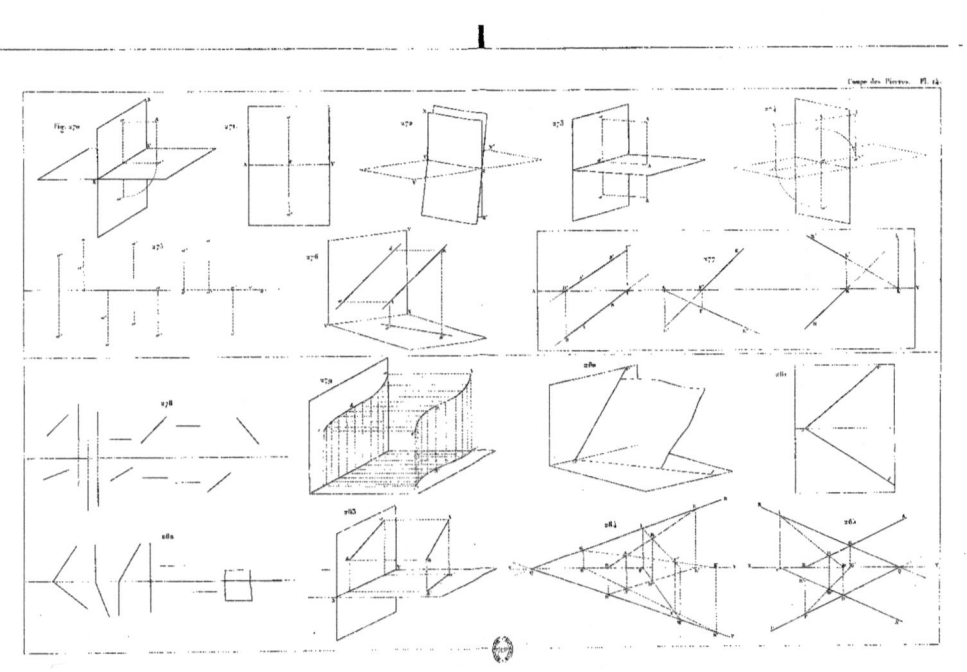

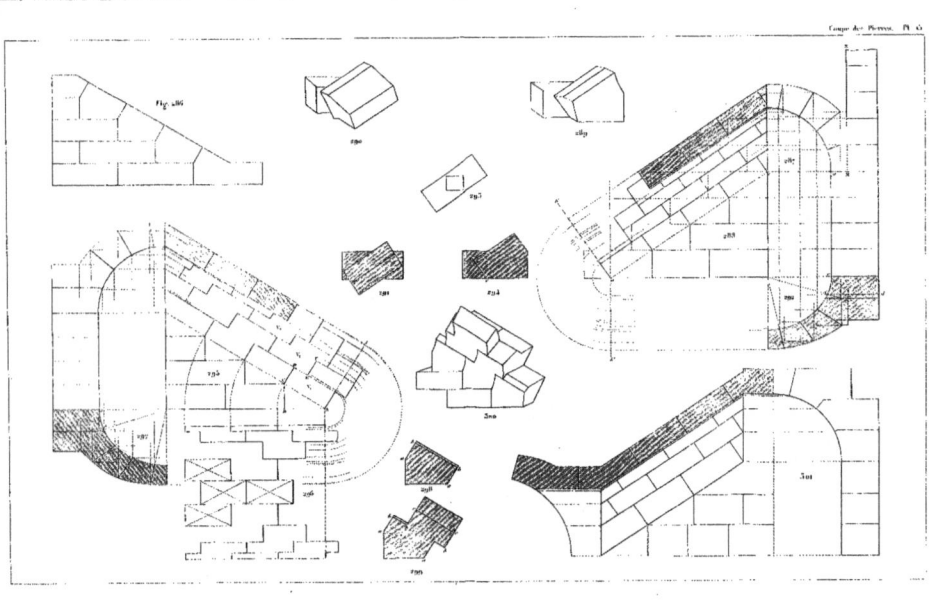

Coulommiers. — Imp. Paul BRODARD. — 690-1902.

www.ingramcontent.com/pod-product-compliance
Lightning Source LLC
LaVergne TN
LVHW021711080426
835510LV00011B/1710